Vida latina

Música
y
baile

VIDA LATINA

MÚSICA Y BAILE

Texto de Silvia P. Baeza
Versión en español de Argentina Palacios

Rourke Publications, Inc.

Se agradece a las siguientes fuentes por el uso de sus fotografías en este trabajo: Julius Fava, págs. 2, 25, 27; The Essential Image/Sheldon Potter, pág. 8; Claire Rydell, págs 12, 26; James L. Shaffer, pág. 14; Robert Fried, págs. 15, 19; Martin Hutner, pág. 20; Diane C. Lyell, pág. 22; Bob Daemmrich, pág. 30; Richard B. Levine, pág. 34; AP/WideWorld, págs. 35, 4l, 42; Hazel Hankin/Impact Visuals, pág. 40; Mark Nohl, cortesía NM Magazine, pág. 44. Mapa pág. 10 por Moritz Design.

Producido por Salem Press, Inc.

Library of Congress Cataloging-in-Publication Data
Baeza, Silvia P., 1959-

[Music and dance. Spanish]
Música y baile/texto de Silvia P. Baeza; versión en español de Argentina Palacios.
    p.   cm. — (Vida latina)
Resumen: Presenta distintos tipos de música latina.
    ISBN 086625-565-6
    1. Hispano-americanos—Música—Historia y crítica—Literatura juvenil.   2. Música popular—Estados Unidos—Historia y crítica—Literatura juvenil.   3. Baile—Estados Unidos—Literatura juvenil.   [1. Hispano-americanos—Música—Historia y crítica.   2. Música popular—Estados Unidos—Historia y crítica.   3. Materiales en español.]   I. Título.   II. Series.
ML3558.B3418   1995
780'.89'68073—dc20   95-30172
                                                                                      CIP
Primera impresión   AC MN

ÍNDICE DE MATERIAS

Capítulo 1

¿QUÉ SON LA MÚSICA Y EL BAILE LATINOS?

La música y el baile son parte importante de nuestra vida. Tenemos canciones favoritas y nos gusta bailar. Cantamos y bailamos en la escuela; escuchamos la radio; bailamos en las fiestas; vemos bailes en la televisión y en el cine. La música y el baile están en todas partes.

La música y el baile latinos son los que son especiales para los latinos. Pero, ¿qué son exactamente la música y el baile latinos? Veamos primero lo que significa *latino*.

Latino o latina es una persona inmigrante que se ha mudado de Latinoamérica a los Estados Unidos, generalmente en busca de un futuro mejor. Tal vez sea de un país como México o Cuba; o de Puerto Rico, que es una isla bajo jurisdicción de Estados Unidos. O de cualquier país de Centroamérica o Suramérica, como Guatemala o Chile.

Hay latinos que han vivido toda su vida en los Estados Unidos. Nacieron en este país, pero sus padres o abuelos fueron inmigrantes.

Los latinoamericanos tienen raíces españolas, indias y africanas, así que los latinos que viven en los Estados Unidos muestran características de esas tres razas. La mayoría de los mexicoamericanos, o chicanos, son *mestizos*, es decir, son descendientes de indios y españoles. Muchos puertorriqueños tienen sangre india y africana. Muchos cubanoamericanos son negros porque son descendientes de esclavos africanos traídos por los europeos al continente americano en el siglo XVI.

¿DÓNDE RESIDEN LOS LATINOS?

Los latinos residen en todos los Estados Unidos, pero hay grandes comunidades latinas principalmente en tres áreas:

- El Suroeste: en la parte sur de California, Arizona, Nuevo México y Texas.
- En el Noreste: en Nueva York, Nueva Jersey, Connecticut, Massachussets y Pennsylvania
- En el Sureste: en Miami y Nueva Orleans

Los latinos que residen en estas tres áreas provienen principalmente de tres países latinoamericanos. En el Suroeste, son principalmente de México. Se les denomina mexicoamericanos o chicanos. En California son inmigrantes mexicanos, mexicoamericanos que se han mudado de Nuevo México o Arizona, o inmigrantes centroamericanos y suramericanos—de Guatemala, El Salvador, Colombia, Chile, por ejemplo.

Los inmigrantes latinos del Noreste provienen de muchos países latinoamericanos, pero la mitad son de origen puertorriqueño.

Por último, los latinos del Sureste, residentes de Miami y Nueva Orleans, son principalmente cubanos y cubanoamericanos. Pero también hay en el Sureste muchos inmigrantes centroamericanos y suramericanos, adultos y niños.

MÚSICA Y BAILE LATINOS

La música latina llegó a los Estados Unidos con los primeros inmigrantes latinoamericanos que llegaron en busca de trabajo y riqueza. Llegaron con sus posesiones personales y sus tradiciones: creencias, comidas, ropa, fiestas, música y baile. Todo esto es la cultura, lo que hace que un grupo de gente sea especial o diferente. La música y el baile son una parte muy importante de cualquier cultura.

Apenas llegaron a los Estados Unidos, los inmigrantes latinoamericanos trataron de crear un hogar como el que habían dejado atrás en su patria. La música y el baile jugaron un papel importante en el proceso porque los latinos son gente que baila. Cuando las familias latinas se reúnen celebran con música y baile. Muchos latinos son my devotos y muchos son católicos que practican su religión con música y baile. Esto es lo que hacían en su patria y siguieron haciendo en su nuevo hogar. Querían recordar su pasado y preservar su propia cultura.

MÚSICA DEL PUEBLO, MÚSICA POPULAR

Cuando nos referimos a música y baile latinos, hablamos de dos tipos de música: (1) música tradicional o música del pueblo; (2) música popular.

La *música tradicional* o *del pueblo,* y el baile, llegaron a los Estados Unidos con los inmigrantes. Muchas de las canciones y bailes de los latinos de hoy en los Estados Unidos son muy parecidos a los de antes en Latinoamérica. Por ejemplo, los corridos de Nuevo México son como los de los mexicanos.

La música *popular* es distinta. Se puede escuchar por radio, televisión, discos compactos. La música y el baile populares latinos se originaron en las grandes ciudades de Estados Unidos. Los músicos latinos tomaron el acento, o *ritmo*, o las *melodías* de Latinoamérica y las mezclaron con otros estilos musicales, como el jazz. De esa mezcla nació la música popular latina. Un ejemplo de lo anterior es la *salsa*, una mezcla de jazz norteamericano y ritmos puertorriqueños o cubanos que es muy distinta de las formas que le dieron origen.

Ciertos grupos musicales y casas disqueras estadounidenses han popularizado la música latina; algunos la han cambiado. Han tocado mucha música popular pero los resultados no son siempre tan buenos como los de la música tradicional. Por eso es que muchos no entendemos lo que son exactamente la música y el baile latinos. Para averiguarlo, tenemos que buscar las raíces latinoamericanas de los mismos, cómo y cuándo se originaron, quiénes la crearon y qué les sucedió en los Estados Unidos.

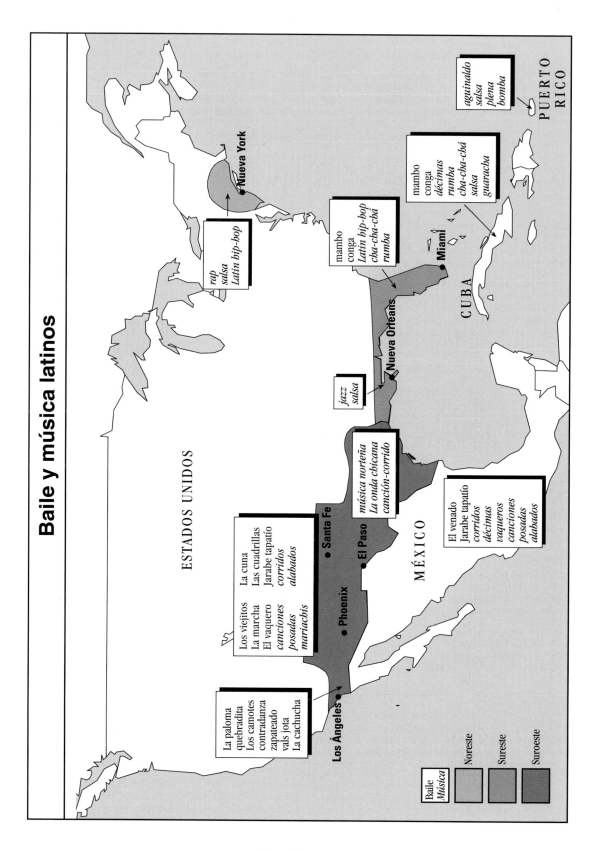

Baile y música latinos

ESTADOS UNIDOS

MÉXICO

CUBA

PUERTO RICO

Nueva York
- rap
- *salsa*
- *Latin hip-hop*

Nueva Orleans
- *jazz*
- *salsa*

Miami
- mambo
- conga
- *Latin hip-bop*
- *cha-cha-chá*
- *rumba*

- mambo
- conga
- *décimas*
- *rumba*
- *cha-cha-chá*
- *salsa*
- *guaracha*

- aguinaldo
- salsa
- plena
- bomba

Santa Fe • El Paso •
- *música norteña*
- *La onda chicana*
- *canción-corrido*

Santa Fe
- La cuna
- Las cuadrillas
- Jarabe tapatío
- *corridos*
- *alabados*

Phoenix
- Los viejitos
- La marcha
- El vaquero
- *canciones*
- *posadas*
- *mariachis*

Los Ángeles
- La paloma
- quebradita
- Los camotes
- contradanza
- zapateado
- vals jota
- La cachucha

- El venado
- Jarabe tapaío
- *corridos*
- *décimas*
- *vaqueros*
- *canciones*
- *posadas*
- *alabados*

Baile
Música

Noreste

Sureste

Suroeste

Capítulo 2

Raíces

La música y el baile latinos llegaron a los Estados Unidos con los primeros inmigrantes que se asentaron en el país. La mayoría procedían de México, Puerto Rico y Cuba, pero también los había de Centroamérica, Suramérica y otras regiones del Caribe. Tocaban y bailaban en las fiestas y celebraciones en su nueva tierra la música y los bailes de su patria.

Para entender las raíces de la música y el baile de los latinos, tenemos que estudiar los antepasados de éstos. A partir de la llegada de los españoles a tierras americanas en el siglo XVI, tres culturas se mezclaron en Latinoamérica: la india, la española y la africana.

Raíces indias

Los mayas, los aztecas y los incas fueron las más grandes civilizaciones indias en Latinoamérica, pero además hubo muchos otros grupos. Los indios de ese entonces no escribieron descripciones de su música y baile pero los exploradores españoles del área sí lo hicieron en sus crónicas. Por eso es que hoy en día tenemos noticias de la música y el baile de esos indios.

La música y el baile eran importantísimos para los indios. Creían en la vida después de la muerte y hacían muchas ceremonias para celebrar la vida eterna de sus almas. Asimismo, adoraban a muchos dioses y celebraban ceremonias rituales en su honor.

Sólo los hombres danzaban en ciertas danzas rituales.

Por ejemplo, hacían danzas rituales en honor del dios sol, quien, según sus creencias, era hacedor de la lluvia y la claridad solar y hacía crecer las cultivos para que el alimento alcanzara todo el invierno. En esas ocasiones cantaban, bailaban y tocaban sus instrumentos favoritos, especialmente las distintas clases de flautas que producían suaves melodías. Por medio de la música y la danza, los indios agradecían a sus dioses el buen tiempo y la buena cacería. Oraban por la buena salud y la riqueza.

Todas éstas eran danzas dramáticas, es decir, narraban algo. Tomaban muchas horas, a veces días. Unas danzas eran sólo de hombres, otras de mujeres. Por ejemplo, las de la época de cacería eran masculinas. Los hombres se movían como los animales que iban a cazar. A veces imitaban los sonidos propios de los mismos.

RAÍCES ESPAÑOLAS

En el siglo XVI, los españoles llegaron de Europa. En su mayoría eran soldados pero más tarde hubo otros, como los misioneros enviados para que enseñaran la religión católica a los indios. Aquéllos les enseñaron a éstos a creer en una sola deidad y cantar y danzar en honor de ese Dios. Los indios aprendieron a cantar salmos e himnos religiosos y a dramatizar *autos sacramentales*. Éstos son piezas teatrales representadas en las iglesias. Son narraciones sobre la Eucaristía, el pan y el vino de la ceremonia de la comunión, representación de la muerte de Jesús.

Los españoles llegaron con muchos de sus instrumentos tradicionales—el órgano, el violín, el arpa, el acordión, el bandoneón, la trompeta y guitarras de muchas clases. Les enseñaron a los indios a tocar los instrumentos y a construirlos. Los violines y las guitarras de Europa producían sonidos distintos a los de las flautas de los indios. Los ritmos y las melodías de las canciones

españolas eran muy distintos de los que empleaban los indios.

Además de la música, los españoles llegaron con sus bailes y danzas. Los más populares entre los indios fueron las *danzas, contradanzas, cuadrillas* y *valses,* todos ellos bailes cortesanos de los ricos.

Cuando estos bailes se encontraron con los de los indios, nacieron nuevas formas de bailes. De esta mezcla salieron tres tipos: danzas religiosas o rituales, dramas bailados o bailes de festivales y bailes del pueblo. Los bailes españoles influyeron mucho en los bailes del pueblo, como el Jarabe tapatío de México, donde se alinean por parejas. Daban pasos complicados y hacían figuras como los de la contradanza española. Un buen ejemplo de esto es la Danza del diablo, de Bolivia, bailada al principio de la Cuaresma, antes de Pascua Florida. Una danza dramática que aún se representa en México es El venado, que narra una leyenda sobre una cacería de este animal.

Las contradanzas españolas se bailaban con filas de parejas, lo mismo que ciertos bailes mexicanos de hoy.

RAÍCES AFRICANAS

En el siglo XVI, llegó otra cultura a tierras americanas: la africana. Los españoles y otros europeos embarcaron a millares de africanos, contra su voluntad, los esclavizaron y los vendieron como trabajadores. En América, los esclavos africanos trabajaban largas horas en haciendas, pero durante sus horas libres se reunían y bailaban.

Los indios y los españoles desconocían los ritmos de la música africana. Los africanos construían sus instrumentos de memoria, porque no habían tenido la oportunidad de llevar consigo instrumentos de su tierra. La mayoría de los instrumentos africanos eran de *percusión,* es decir,

Los africanos añadieron tambores a la mezcla que se convirtió en la música latina.

instrumentos que se tocan dándoles un golpecito o agitándolos. Algunos de esos instrumentos eran los tambores, las maracas y las campanitas (cascabeles, cencerros).

Los africanos no tenían muchas flautas, como los indios, ni violines y guitarras, como los españoles. Todos esos instrumentos ya existían en América. Con los tambores africanos, la música cambió aún más: se crearon melodías y ritmos nuevos, nacieron nuevas canciones y bailes.

La influencia africana e india no fue uniforme en todas partes. En ciertas regiones de Latinoamérica, la música africana se mezcló sólo con la española. En Cuba, por ejemplo, los indios fueron exterminados por los españoles o murieron a causa de enfermedades traídas de Europa. Así, la música india no sobrevivió y la música africana se mezcló con la española para producir los ritmos y bailes afrocubanos, que son muy distintos de los ritmos y bailes indios. En Cuba, los bailes tenían mucho parecido con los africanos. Algunos de los bailes latinoamericanos que tuvieron origen en bailes africanos son la *conga* y la *rumba* de Cuba, la *samba* y el *batuque* de Brasil, la *cumbia* y el *porro* de Colombia.

RAÍCES CONTEMPORÁNEAS

En Latinoamérica, la música siempre ha tenido dos propósitos: entretenimiento y comunicación. La música para entretener se toca en fiestas y clubes nocturnos. Por lo general, los temas son el amor y la amistad.

La música para comunicación también se puede tocar en fiestas, pero generalmente se toca en conciertos. Este tipo de música trata de los problemas sociales y políticos que enfrenta la gente diariamente. Estas canciones se preguntan cosas como quiénes son latinoamericanos, si son libres o no, si la gente vive lujosamente o en la miseria. Muchos músicos han compuesto canciones con estos temas. La música para comunicación es parte muy importante de la música latinoamericana, así como de la música latina en los Estados Unidos.

Capítulo 3

El Suroeste: Música y Baile Mexicoamericanos

Desde el siglo XVI ha habido descendientes de españoles e indios en el Suroeste y en México. La ciudad de El Paso, Texas, fue fundada por españoles en 1598. En Nuevo México fundaron Santa Fe en 1609. Para 1760, Nuevo México tenía miles de colonos españoles y Texas, más de dos mil.

En el Suroeste no hubo muchos colonos angloamericanos sino hasta la década de 1820, después de la independencia de México. En 1846, Estados Unidos y México se fueron a la guerra y Estados Unidos se tomó mucho del territorio mexicano y más tarde le compró más tierras a México. Esas tierras son hoy día parte de los Estados Unidos: California, Arizona, Nuevo México y Texas.

En las tierras que ahora pertenecían a Estados Unidos vivían ya muchos mexicanos. A pesar de la pertenencia a Estados Unidos, los residentes mexicanos seguían hablando español y consideraban que su cultura era mexicana. Después, muchos mexicanos más han cruzado la frontera mexicana y se han asentado en el Suroeste. Para muchos mexicanos y mexicoamericanos, el Suroeste ha sido su hogar durante cientos de años.

TRADICIONES EN EL SUROESTE

En el Suroeste, la música y el baile tienen un papel importante en la vida diaria. La vida social de los mexicoamericanos siempre se ha centrado en la familia, la religión y la historia: días festivos religiosos, cumpleaños, bautismos o bautizos y bodas o matrimonios. Para estas ocasiones, el entretenimiento más importante lo constituyen la música y el baile.

Desde que los territorios mexicanos se convirtieron en estadounidenses, los mexicoamericanos han tratado de preservar la música y el baile tradicionales propios. Hoy día, por ejemplo, grupos musicales callejeros llamados *mariachis* siguen tocando en festivales y en días festivos. Cantan canciones tradicionales: *décimas, canciones, posadas, alabados, vaqueros* y *corridos.* La décima es una balada. La canción es una pieza sentimental que generalmente trata de amores. Las posadas son canciones de Navidad. Los alabados son canciones religiosas de alabanza. Los vaqueros son canciones de los individuos del mismo nombre. Los corridos son baladas que tratan de aventuras de personas comunes y corrientes.

CALIFORNIA

El estado estadounidense de California llevó una vez el nombre de Alta California. Los primeros colonos españoles y mexicanos se asentaron en Alta California en 1769. Los misioneros españoles construyeron misiones en California durante muchos años. Cada misión era como un pueblito con una iglesia católica en el centro, el lugar donde los misioneros adoctrinaban a los indios en la fe católica. Después de las misiones, los españoles construyeron presidios o fuertes para proteger las misiones. Después construyeron poblaciones pequeñas. Primero fue San Diego, en 1769; después, Monterey, en 1779; después San Francisco, en 1776; y por último, Santa Bárbara y Los Ángeles, en 1781.

En el Suroeste, los mariachis tocan música tradicional mexicana en festivales y días festivos.

La gente rica hacía sus *bailes,* ocasiones elegantes para los de las clases altas. El baile más popular de California era la *contradanza,* un baile cortesano que los españoles habían llevado primero a México. Dos hileras de bailadores se daban la cara y hacían figuras y daban pasos complicados. Había varias clases de contradanzas, en círculo y en hileras rectas. Otro baile popular en California era el *vals jota,* muy alegre y muy movido, popularísimo en Santa Bárbara y Los Ángeles.

No todos los colonos de California eran de la clase alta. Muchos mexicanos de clase baja se fueron de México a Alta California a establecer *ranchos* para criar ganado y *haciendas* para sembrar granos y legumbres. Se hicieron *rancheros.* La música y los bailes de los ranchos y las haciendas se hicieron muy populares.

■ **19** ■

Los rancheros no tenían "bailes" como los de la clase alta, sino *fandangos,* fiestas bailables para los trabajadores. En los fandangos, se bailaban los bailes del pueblo, no la contradanza ni el vals jota. Los bailes del pueblo más populares eran Los camotes, La paloma y La cachucha, los cuales aún existen in California. Otros han desaparecido: La sarna, El cuando y El pontorico nadie los sabe bailar; su música y sus pasos se han olvidado.

Los bailes y los fandangos no eran las únicas fiestas de los mexicoamericanos en California. También había fiestas y festivales, como carnavales con paradas o desfiles, hermosos caballos y jinetes montados en sillas adornadas. Las mujeres se vestían a la moda antigua de California. Grupos musicales tocaban música antigua de California y las parejas bailaban los antiguos bailes y danzas de California. Uno de esos carnavales tenía lugar la semana antes de la Cuaresma. Se llamaba *baile de cascarones.*

Hoy en día, la música de banda es popular entre jóvenes latinos, especialmente en Los Ángeles.

Éste era un festival de disfraces vistosos, música chillona y bailes alegres.

Hoy en día California se ha convertido en la cuna de otro estilo de música y baile: *banda*. Esta música empezó hace más de cien años en los pueblitos mexicanos. Las *orquestas* mexicanas solían tocar en las plazas de los pueblitos. Los principales instrumentos del grupo eran violines, tambores, trompetas y tubas. Hoy en día, los músicos de banda han añadido acordiones, guitarras eléctricas bajas, cuernos de caza o cornos y sintetizadores. El resultado es una música de pueblo con sabor a carnaval.

La música de banda tiene un acento fuerte, es muy apasionante y da ganas de bailar. Los pasos son como los de dos bailes tradicionales, el *zapateado* y la *quebradita*. El zapateado usa, naturalmente, el zapateo. (Otro baile que usa el zapateo es el flamenco, de España.) La quebradita es un baile que combina otros cuatro bailes: paso doble, salsa, flamenco y tango. Un movimiento de la quebradita que emplea este baile es el paso o doblez de espalda. El bailador arquea a su pareja hacia atrás y la mece suavemente de lado a lado.

Hoy en día, a los jóvenes, especialmente en Los Ángeles, les gusta bailar música de banda; a muchos, más que el "rap" y el "rock". Tal vez sea sólo una moda pasajera, pero es muy popular. Para los jóvenes latinos, la banda muestra la importancia de los mexicoamericanos en California.

Nuevo México y Arizona

En lo que era el norte de México antes de que los Estados Unidos tomaran posesión de esas tierras, existían dos tipos de baile o danza: bailes folklóricos o populares y bailes sociales. Los folklóricos eran los bailes de las fiestas de la gente común y corriente. Los sociales, importados de Europa a México, eran los de las fiestas de las clases altas. Los mexicoamericanos mantuvieron esos dos tipos de baile o danza después que los Estados Unidos compraron

Arizona y Nuevo México y los mantienen hasta el día de hoy. Algunos de ellos son La marcha, Las cuadrillas, El vaquero y La cuna.

Los mexicoamericanos también han mantenido su música y sus bailes en las dramatizaciones con música, como los autos sacramentales que los españoles llevaron a México en el siglo XVI. Éstos se representaban en la plaza o en patios, lo mismo que las *representaciones* o diálogos pastorales, populares en el siglo XVII, que eran obras sin caracter religioso. En ambos tipos se narraban sucesos por medio de diálogo, canciones y bailes.

La música y el baile tradicionales se encuentran en casi todos los festivales folklóricos en Nuevo México y Arizona. La mayoría de éstos son festividades religiosas, como el Día de los muertos y la fiesta de Nuestra Señora de Guadalupe. El Día de los muertos se celebra el 2 de noviembre en memoria de los parientes fallecidos. Las familias engalanan las tumbas de sus seres queridos con flores y velas; después, tienen una fiesta donde abunda la comida, la música y el baile. La fiesta de Nuestra Señora de Guadalupe se celebra el 12 de diciembre en honor de la santa patrona de México.

Por último, la Navidad se celebra con Las posadas, una de las fiestas más populares entre los mexicoamericanos. Esta celebración de nueve días conmemora la búsqueda de posada por parte de María y José en Belén. Primero se reza y se leen pasajes de la Biblia alusivos al nacimiento. Después, la gente va por la calle con las velas encendidas, encabezados por una niña y un niño, vestidos como María y José. En el trayecto hacia una casa rezan el rosario y cantan villancicos. Al llegar, cantan coplas en que piden posada. La casa representa la posada donde María y José solicitaron abrigo. Se abren las puertas, se invita a todos a entrar y se sirven tamales y otros platos típicos. Los niños quiebran una *piñata,* un recipiente en forma

Un niño con los ojos vendados trata de quebrar la piñata con un palo durante Las posadas.

■ 23 ■

de animal lleno de dulces y nueces que se comen una vez caídos al suelo.

Todo lo que sucede en Las posadas tiene un significado simbólico. Las velas que se llevan en la procesión significan la búsqueda individual de Dios. La invitación a la casa significa que las personas aceptan a Dios. Quebrar la piñata significa que se rechaza el mal. Los dulces que caen de la piñata significan la gracia de Dios.

La fiesta de Santa Fe (Nuevo México) celebra la reconquista pacífica de la ciudad por parte de los españoles. (La reconquistaron pacíficamente en 1692 después que los indios pueblo la ocuparan en 1680.) La gente vestida con ropa de antaño, canta corridos antiguos, dramatiza viejas obras y baila bailes del ayer.

Pero no todas las festividades son religiosas. El Cinco de Mayo se celebra la victoria del ejército mexicano sobre el ejército francés en 1862. En la actualidad, este día se celebra más en los Estados Unidos que en México. En los Estados Unidos hay festivales con música y bailes. En las escuelas, los niños presentan programas para sus padres en los cuales bailan danzas folklóricas tales como el Jarabe tapatío y Los viejitos.

TEXAS

En la década de 1920, dos formas musicales se sobrepusieron una a otra: la *canción* (de tema sentimental) y el *corrido* (balada narrativa). Juntas formaron la *canción-corrido,* nuevo tipo de música que muchos llaman simplemente corrido.

El corrido es muy importante en todo el Suroeste y especialmente en Texas. Cantantes y compositores latinos llamados trovadores emplearon el corrido para narrar la vida en el Suroeste. Contaban cómo era la vida en la frontera entre México y Estados Unidos, los problemas entre los anglos y los mexicanos, las penurias del inmigrante piscador o recolector de fruta

El Cinco de Mayo es un día para fiesta, baile y música. Conmemora la victoria de México sobre Francia en 1862.

o del lavaplatos, los encuentros con las autoridades de inmigración. A veces estas canciones son tristes, a veces chistosas. Se popularizaron en las décadas de 1920, 1930 y 1940. Muy popular es "El corrido de Gregorio Cortez", que trata de un famoso héroe popular cuya vida se representó en una película en 1982. Los corridos siguen siendo populares hoy en día; con frecuencia tratan de la discriminación contra los mexicoamericanos.

Texas también se reconoce por la llamada *música norteña*, que también es importante en la tradición musical de la frontera entre Estados Unidos y México. Existen dos tipos de música norteña: *conjunto* y *orquesta tejana*.

Los instrumentos tradicionales de la banda, con los que se tocaba en festivales en el sur de Texas, eran el acordión, el *bajo sexto* (una guitarra de doce cuerdas) y la *tambora de rancho*. La banda tocaba música bailable, como el *huapango,* un baile de la región del golfo, en el

Un tipo importante de música latina de la frontera entre Texas y México es la de conjunto. En los conjuntos, el acordeón es un instrumento importante.

norte de México. El acordión se convirtió en el instrumento principal y el ritmo se parecía al de una polca alemana, lo cual no debe sorprender porque los alemanes se habían asentado en la misma área durante el siglo XIX. Para la década de 1930, la música de conjunto era tan popular que varias casas disqueras hacían discos para vender por todos los Estados Unidos. Aunque esta música de conjunto se toca en todo el país, muchos mexicanos texanos aún consideran que es música exclusivamente suya.

El otro tipo de música norteña es la orquesta tejana, o simplemente orquesta, un tipo de grupo musical que apareció en la décade de 1920, que no era igual al conjunto. La orquesta siempre tenía un violín o dos violines, casi siempre una guitarra, a veces otros instrumentos. En muchos casos, los músicos eran de la clase trabajadora y a veces vestían con ropa folklórica mexicana o de vaqueros. Tocaban música tradicional mexicana en bodas, cumpleaños y festivales patrióticos como el Cinco de Mayo o el Dieciséis

La orquesta es una banda grande que toca distintas clases de música bailable mexicana tradicional así como música moderna.

de Septiembre (independencia de México). La música de estas orquestas se parecía a la de los mariachis.

En la década de 1930, las orquestas se hicieron bandas. Ahora eran más grandes, con más instrumentos que incluían trompetas, trombones y saxofones. Ahora tocaban "swing" y música de salón así como música tradicional mexicana. Otras orquestas seguían tocando las viejas polcas rancheras. Las orquestas más importantes se originaron en Texas y se extendieron por todos los Estados Unidos. Las casas disqueras vendieron gran cantidad de discos de grupos como Little Joe y la Familia. En la década de 1970, Little Joe creó un sonido musical nuevo combinando el ritmo de la orquesta con el "rock" y el "jazz". A esta nueva música se le llamó La onda chicana.

La música de orquesta se combinó con muchos estilos estadounidenses y latinos como el tradicional, el jazz, el "big band" y el "rock". Fue popularísima en todo el país desde los años de 1940 hasta los de 1970. En este período, muchos latinos sólo querían ser parte del pueblo estadounidense promedio. En la década de 1980, la orquesta perdió mucha popularidad a nivel nacional, pero aún la mantiene en Texas.

Capítulo 4

El Noreste: música y baile puertorriqueños

Para los puertorriqueños, la música y el baile son más que una forma de diversión. Si nos fijamos en la vida de los puertorriqueños en la ciudad de Nueva York, lo entenderemos. Para muchos, ésa es una ciudad de oportunidades. Hay trabajo, mezcla de culturas, todas las manifestaciones artísticas, incluso música y baile. Sin embargo, no todos los residentes de Nueva York tienen las mismas oportunidades de disfrutar de tales ventajas.

Muchos puertorriqueños son pobrísimos, de familias grandes incapacitadas para darles una buena educación. Algunos abandonan la escuela para trabajar, pero no encuentran buenos empleos porque no tienen diploma de secundaria. A veces ni con el diploma lo consiguen. Muchos puertorriqueños de Nueva York, o *nuyoricans,* son lavaplatos, limpiacalles y porteros, con poco dinero y poca esperanza.

Los puertorriqueños, amantes de la música, ponen a ésta en un lugar especial en la vida cotidiana. Después de un trabajo duro y poco satisfactorio, muchos pasan los fines de semana divirtiéndose de la única manera que pueden hacerlo: bailando. Una noche en el club

social les hace olvidar las dificultades de la vida. La música también les ayuda a mantener su identidad, les sirve para decir al mundo: "Soy alguien. Soy puertorriqueño".

Muchos puertorriqueños tocan instrumentos musicales. A menudo tocan en las calles y todos los transeúntes los escuchan. A veces la gente se detiene a escuchar y hasta a bailar. Las bandas tocan donde pueden, en bodas o fiestas particulares. Por ejemplo, unos amigos se reúnen para construir una *casita* y mientras trabajan tocan música y cantan. Esto les aligera el trabajo y alegra los momentos tristes.

Niños puertorriqueños juegan con instrumentos tradicionales puertorriqueños.

SALSA

La música más gustada por los puertorriqueños es la salsa. Salsa es un aderezo o condimento que da sabor, no sólo a la comida sino también a la música y al baile.

La salsa es muy importante para todos los latinos afrocaribeños—puertorriqueños, cubanoamericanos y dominicanoamericanos—y también es popular entre otros grupos latinos y no latinos en Estados Unidos.

La salsa nació en la década de 1960, pero no es totalmente nueva. Se basa en ritmos tradicionales cubanos como la *rumba,* la *guaracha,* el *mambo* y el *cha-cha-chá.* Los músicos puertorriqueños tomaron del *son* cubano y la *clave* para crear el nuevo estilo. El son es un tipo de música cubana que emplea ritmos e instrumentos africanos como las *maracas,* las *claves* y los *bongós.* La clave es un acento que, como un cordón, enhebra todos los otros ritmos que tocan los instrumentos de percusión.

Otras características de la salsa la diferencian de los viejos ritmos cubanos. El mambo, por ejemplo, tiene un ritmo y un acento invariables. En la salsa no son fijos. Gracias a la clave, la salsa tiene un estilo muy libre, casi como un nuevo lenguaje musical con acentos intemporales sin fin. Los músicos pueden *improvisar* con la salsa y crear la música en el mismo momento en que la tocan.

La salsa también tomó elementos de varios tipos de música puertorriqueña como la *bomba,* la *plena* y el *aguinaldo.* La bomba la cantaban y bailaban los trabajadores de las haciendas. La letra siempre es en coplas de cuatro versos que se cantan acompañados por un tambor que también se llama bomba. Los bailadores van adelante, no los tambores, como es lo más común. La plena es una narración local musicalizada y generalmente la cantan las personas del pueblo. Es muy alegre, con letra chistosa, y va acompañada de distintos instrumentos de percusión. El aguinaldo es una composición religiosa que se toca en la época de Navidad con instrumentos musicales especiales: calabazas, raspadores, maracas, cuatro (una guitarra pequeña), güiros y guitarra. La música de la bomba, la plena y el aguinaldo se fusionan en la salsa "nuyorican". Aquí también se juntan varios instrumentos como las maracas, el güiro y el cuatro.

La letra de la salsa también es muy importante. Las viejas melodías puertorriqueñas por lo general no tienen letra, pero la salsa nació porque los puertorriqueños querían decir algo. La salsa trata de las raíces de los puertorriqueños y la vida que llevan en Estados Unidos. Cuenta sucesos de amor, amistad y dificultades de la vida.

El panameño Rubén Blades es uno de los principales cantantes de salsa. Muchas de sus canciones describen la vida de los puertorriqueños. A veces canta sobre latinoamericanos que han perdido su libertad. Una de sus canciones más famosas es "El número 6", sobre un puertorriqueño que espera diariamente el tren número 6, que siempre llega atrasado. Otra es "Pablo Pueblo", sobre un hombre que al salir del trabajo todos los días tiene que regresar a su barrio pobre, por la misma esquina, el mismo farol y la misma calle sucia.

"RAP" AFROPUERTORRIQUEÑO

En la década de 1960, ciertos músicos puertorriqueños y afroamericanos de Nueva York formaron bandas musicales que tocaban "rock-and-roll" con ritmos afrocubanos.

Pero cuando apareció el "rap" en la década de 1970, éste atrajo a la juventud puertorriqueña. Estos muchachos habían crecido viendo y oyendo a los muchachos afroamericanos bailando y cantando "rap" en las calles y los pasillos escolares. Ambos grupos cantaron juntos y esta mezcla fue aceptada fácilmente en los barrios puertorriqueños.

Hoy en día, los "raperos" puertorriqueños cantan en español. Rick Rodríguez y Tony Boston son "nuyoricans" que cantan "rap" en "Spanglish", una mezcla de inglés y español. También existe un grupo "rapero" bilingüe llamado Latin Empire (Imperio latino). Sus cantantes son puertorriqueños nacidos y criados en Nueva York.

Capítulo 5

El Sureste: Música y baile cubanoamericanos

En 1959, hubo una revolución de enormes consecuencias en Cuba. Durante muchos años, el gobierno había servido muy bien a los ricos e ignorado a la mayoría del pueblo pobre. El duro trabajo de los pobres enriquecía más a los ricos. Había tal descontento que muchos estuvieron dispuestos a hacerle una guerra al gobierno. Lucharon y ganaron la revolución.

El nuevo líder revolucionario, Fidel Castro, estableció un gobierno comunista que se apropió de los bienes de los ricos, supuestamente a nombre del pueblo. Los cubanos más acomodados se vieron forzados a huir. Huyeron a los Estados Unidos, a Florida, que queda a sólo noventa millas de distancia de su patria. Allí, los cubanos recibieron ayuda del gobierno de los Estados Unidos.

Miami, Florida

A diferencia de los puertorriqueños que llegaban de la isla, los primeros inmigrantes cubanos eran acomodados— médicos, abogados, banqueros y comerciantes. Se asentaron en Miami. Como hablaban español, los nombres de calles y negocios pronto

empezaron a cambiar de inglés a español. Con el tiempo, los inmigrantes cubanos hicieron mucho bien a Miami y los Estados Unidos en general. Con los negocios y empleos que crearon, hubo prosperidad económica en Miami.

Los cubanos llegaron a Miami con su música y sus bailes populares. De repente, se empezó a bailar al ritmo del son y de la guajira. En Estados Unidos se conocía esa música desde antes, cuando cantantes de paso en Nueva York la cantaban en las décadas de 1930 y 1940. En ese tiempo era algo nuevo y raro, pero por los años de 1950, antes de la revolución, la música cubana se popularizó en clubes nocturnos y en programas de televisión, especialmente *I Love Lucy*. En ese programa, el músico cubano Desi Arnaz hacía el papel de Ricky, el esposo de Lucy. Era dueño de un club nocturno y tocaba la conga y cantaba canciones populares y folklóricas de su patria.

Bailes tradicionales cubanos en la ciudad de Nueva York.

I Love Lucy no presentaba toda, ni la mejor, música cubana, pero despertó el interés de muchos estadounidenses en la música y los bailes cubanos. Entre los bailes más populares se encontraban la conga, la rumba, el mambo y el cha-cha-chá. Todos emplean *síncopa,* acentos muy marcados que rompen el patrón regular de la música. La conga se bailaba en parejas o en hilera y la síncopa se expresaba con un golpecito del pie. La rumba también se

Desi Arnaz salía con Lucille Ball en la serie de televisión **I Love Lucy,** *en la década de 1950. Como Ricky Ricardo, propietario del club nocturno* **Tropicana,** *can- taba canciones cubanas y tocaba la conga, una introducción a la música cubana para muchos estadounidenses.*

bailaba en parejas. Con las rodillas levemente dobladas, los bailadores daban dos pasos rápidos y un paso lento. La rumba dio origen al mambo y el cha-cha-chá, con pasos un poquito distintos pero siempre con acento sincopado.

NUEVA ORLEANS, LOUISIANA

No todos los cubanos se asentaron en Florida; unos se fueron a otros lugares de Estados Unidos. Muchos afrocubanos habían vivido en Nueva Orleans desde fines de la esclavitud, de modo que los cubanos se sentían a gusto allí.

Nueva Orleans siempre ha sido cuna de nuevas tradiciones musicales. La música siempre había reinado allí en ocasiones sociales, pero en el siglo XIX nació en esa ciudad un nuevo tipo de música, el *jazz,* de una mezcla de música africana y europea. Por ejemplo, ciertas melodías irlandesas y escocesas se tocaban a tiempo débil o inusitado. Cuando nació el jazz, Nueva Orleans hizo mucho por este nuevo tipo de música. Muchos músicos nacidos en la ciudad y otros que se mudaron a ella ayudaron a crear los patrones de vocalización y las maneras especiales de tocar los instrumentos que se asocian con el jazz. A las primeras improvisaciones las llamaban "jazz de Nueva Orleans".

De todos los inmigrantes que se asentaron en Nueva Orleans, los afrocubanos fueron los más importantes en relación con el desarrollo del jazz. Allí se juntaron la música afroamericana y la afrocubana; allí trabajaron juntos músicos de estos dos grupos y mezclaron los sonidos estadounidenses y cubanos. Dos de éstos fueron Dizzy Gillespie, afroamericano, y Chano Pozo, afrocubano. Unos de sus más famosos números fueron "Manteca", "Cubana Be, Cubana Bop", "Tin Tin Deo" y "Afro-Cuban Suite". Emplearon el acento del son y la clave como base de su música.

Después que la música afrocubana llegó a Estados Unidos fue que la música afroamericana empezó a mostrar los ritmos simultáneos y patrones rítmicos múltiples típicos

Bailes de Latinoamérica

Baile	País	Tipo de baile
Bamba	México	Social
Bambuco	Colombia	Social
Bomba	Puerto Rico	Social
Banda	México	Social
Cha-cha-chá	Cuba	Salón
Conga	Cuba	Social
Corrido	México	Social
Cumbia	Colombia, Panamá	Social
El venado	México	Social
Guajira	Cuba	Social
Habanera	Cuba	Salón
Jarabe tapatío	México	Tradicional
Joropo	Venezuela	Social
Los viejitos	México	Tradicional
Mambo	Cuba	Salón
Matachines	México	Ceremonial
Merengue	República Dominicana, Venezuela	Social
Plena	Puerto Rico	Social
Rumba	Cuba	Salón
Salsa	Cuba, Puerto Rico	Social
Samba	Brasil	Social
Seis	Puerto Rico	Social
Tango	Argentina	Social

de la música africana. Gracias a los músicos afrocubanos que introdujeron ritmos africanos en los Estados Unidos, la música afroamericana es lo que es hoy en día.

La salsa, que se presenta en el capítulo 4, es tan importante para los cubanos como para los puertorriqueños. Es la más "estadounidense" de toda la música cubana porque combina los sonidos del jazz con el son y la clave afrocaribeños. Hoy en día, muchos latinos—mexicoamericanos, puertorriqueños o cubanoamericanos consideran que la salsa es "suya". Muchos estadounidenses de otros orígenes también la disfrutan.

SEGUNDA OLA DE INMIGRACIÓN CUBANA

En 1980 hubo una segunda ola de inmigración cubana. Empezó con los "marielitos," personas que salían de la población cubana de Mariel hacia los Estados Unidos en pequeñas embarcaciones. Estos inmigrantes no eran ricos terratenientes y comerciantes sino negros pobres. En esta oleada llegaron a Estados Unidos unos 125,000 cubanos.

Después de los "marielitos", se escucharon más ritmos cubanos. Los músicos empezaron a utilizarlos en música popular estadounidense. El tipo más popular de esa nueva música cubanoamericana es el "Latin hip-hop", conocido también como "estilo libre". Apasionó al público de la Costa Este en la década de 1980. "Latin hip-hop" fue creación de los jóvenes neoyorquinos para los jóvenes. Tuvo muchos aficionados, no sólo en Nueva York sino también en Florida entre los cubanos y cubanoamericanos que frecuentaban los clubes sociales de Miami.

Capítulo 6

LATINOS IMPORTANTES EN LA MÚSICA Y EL BAILE

Queda en claro que los mexicoamericanos, los puertorriqueños y los afrocubanos han producido grandes cambios en la música y los bailes de los Estados Unidos. Si los angloamericanos bailan alegremente un corrido en Nuevo México o California, se debe a los mexicanos y mexicoamericanos que han mantenido viva esta tradición. Si en las calles de Nueva York se oye salsa y tanto los latinos como los angloamericanos la bailan, se debe a los puertorriqueños y los inmigrantes cubanos. Si los músicos estadounidenses emplean ritmos africanos en combinación con el jazz, es porque los músicos afrocubanos compartieron su música con ellos. Muchos latinos han contribuido enormemente al mundo de la música y el baile. Éstos son sólo unos cuantos.

Ray Barreto (n. 1929): Líder de banda. Nació en Nueva York de padres puertorriqueños. Fue Músico del año y el Mejor conguero del año en 1977 y 1980.

Rubén Blades (n. 1948): Cantante oriundo de Panamá. Compone canciones de salsa con temas de problemas sociales y políticos de los latinos. Dos de sus mejores composiciones son "Pablo Pueblo" y "El número 6".

Celia Cruz (n. entre 1925 y 1930?): Cantante y bailarina salsera de La Habana, Cuba. Llegó a los Estados Unidos en 1957 y se hizo residente en 1961. Ha grabado muchos álbumes con Tito Puente. La llaman la "Reina de la salsa".

Gloria Estefan popularizó ritmos bailables cubanos, como la conga, entre jóvenes estadounidenses en la década de 1980.

Gloria Estefan (n. 1957): Cantante y bailarina cubanoamericana. Se hizo famosa con su canción "Conga" en 1989. En 1990 sufrió un gravísimo accidente automovilístico y los médicos opinaron que nunca volvería a caminar. Pero ella hizo ejercicios y se esforzó tanto que hoy en día puede caminar *y* bailar. Ha grabado discos compactos tanto en español como en inglés.

Freddy Fender (n. 1937): Mexicoamericano de San Benito, Texas. De familia de agricultores, se hizo famoso en Estados Unidos como cantante popular. Su canción "Before the Next Teardrop Falls" fue todo un éxito en 1975.

Sergio Mendes (n. 1941): Pianista y compositor brasileño. Su música es una mezcla de jazz en piano y ritmos latinoamericanos. Se ha presentado por todos los Estados Unidos, donde finalmente fijó su residencia.

Rita Moreno (n. 1931): Actriz y bailarina puertorriqueña. Una de las primeras latinas en alcanzar fama en Broadway. Uno de sus papeles más conocidos fue el de María en *"West Side Story"* [La historia del Lado Oeste] (1961). Apareció en el *Guinness Book of World Records* como

la única persona ganadora de los cuatro máximos galardones en las artes representativas: un Academy Award, un Grammy, un Tony y dos Emmys.

Tito Puente (n. 1923): Tamborilero nacido en Nueva York de padres puertorriqueños. Es famoso por sus numerosos álbumes de mambo y cha-cha-chá.

Chita Rivera (n. 1933): Actriz y bailarina. Se hizo famosa en producciones de Broadway en la década de 1950 (incluso *"West Side Story"* en 1957 y *"Bye Bye Birdie"* en 1961) antes de su brillante carrera en el cine y el teatro. Fue la estrella de la película *Sweet Charity* en 1969. Ha ganado un Tony Award y fue instalada en el Salón de la Fama en 1985.

Linda Ronstadt (n. 1946): Cantante de Tucson, Arizona. Empezó a cantar con sus hermanas en un grupo llamado Las Tres Ronstadts. Canta música de varios estilos: "country/rock", "country", "rock-and-roll", ópera y canciones folklóricas mexicanas como corridos.

Carlos Santana (n. 1947): Líder de una banda de "rock" afrolatino llamada Santana. Es mexicoamericano de California y formó el grupo en la década de 1960, en San Francisco. Empleó ritmos e instrumentos mexicanos y afrocubanos para componer éxitos como "Samba pa ti".

Ritchie Valens (1941-1959): Primer músico latino en fusionar el "rock" y la música latina. Mezcló el acento de canciones mexicanas y chicanas con ritmos de "rock-and-roll". Una de sus más conocidas canciones es "La Bamba".

GLOSARIO

acordión: Instrumento musical que se toca soplándole aire con una mano y tocando el teclado con la otra.

aguinaldo: Canción religiosa de la época navideña.

alabado: Canción religiosa de alabanza.

baile: Nombre dado a las fiestas de bailar.

bajo sexto: Guitarra de doce cuerdas.

banda: Tipo de baile, basado en la orquesta tradicional mexicana, muy popular entre los jóvenes, especialmente en Los Ángeles.

bandoneón: Tipo de acordión de gran tamaño popular en Argentina, Uruguay y Brasil como instrumento solista o en un grupo musical que toca tangos.

batuque: Baile brasileño.

bomba: Música y baile puertorriqueños con ritmos africanos.

bongós: Un par de tambores cubanos que se colocan entre las piernas y se tocan con las manos.

campanitas: Instrumentos de metal, una sola o un par.

canción: Generalmente, un canto sentimental.

cascabel: Matraca de semillas secas, terracota, madera labrada o metal.

castañuelas: Dos palmoteadores de madera en forma de concha hecha de madera de castaño, unidos por un cordón.

cencerro: Campanilla como la que se pone al ganado vacuno que se emplea como instrumento de percusión.

cha-cha-chá: Baile social cubano derivado del mambo.

charango: Pequeño instrumento musical de la familia de la guitarra.

clave: El ritmo o el acento típico de la música afrocubana. Se obtiene con los instrumentos llamados *claves*.

conga: Tipo de tambor afrocubano con forma de barril y un tipo de baile.

conjunto: Tipo de música popular mexicoamericana que toca una banda con acordión, guitarras y tambores.

contradanza: Baile cortesano europeo introducido por los españoles a la región del Caribe.

corrido: Balada que narra aventuras de personas comunes y corrientes.

cuadrilla: Baile cortesano de la gente rica.

cuatro: Guitarra pequeña de cuatro cuerdas.

cucharas: Utensilios de madera o metal que se emplean como instrumentos de percusión.

cumbia: Un tipo de baile colombiano.

danza: Un tipo de baile.

décima: Una balada.

fandango: Tipo de fiesta bailable para los trabajadores.

flauta de Pan: Instrumento de viento de origen suramericano compuesto de varios tubos de caña de distintos tamaños atados unos con otros. Se toca soplando a lo largo de los mismos.

guajira: Tipo de canción y baile cubanos.

guaracha: Canción popular cubana del siglo XIX.

güiro: Raspador hecho con una calabaza a la cual se le ponen trastes.

guitarrilla: Pequeña guitarra de cuatro cuerdas que se emplea en Bolivia, Guatemala y Perú.

guitarrón: Guitarra baja grande de cuatro cuerdas que se emplea en Chile y México.

huapango: Baile originario de la costa del Golfo de México.

instrumentos de percusión: Instrumentos que se tocan con un golpecito o se agitan.

mambo: Baile cubano derivado de la rumba.

maracas: Matracas hechas de calabazas con las semillas adentro. También se pueden hacer de madera o metal.

mariachis: Banda callejera mexicana que toca música tradicional.

marimba: Instrumento musical parecido al xilófono africano.

música norteña: Música de la frontera de EE.UU.- México. Incluye música de conjunto y de orquesta tejana.

orquesta: Banda u orquesta mexicana.

plena: Narración cantada, muy alegre y chistosa, que por lo general cantan puertorriqueños del pueblo.

porro: Tipo de baile colombiano.

posada: Tipo de canción navideña.

quebradita: Tipo de baile que combina otros cuatro tipos: paso doble, salsa, flamenco y tango.

quena: Tipo de flauta del Perú que se puede hacer de hueso, arcilla, calabaza o metal.

requinto: Guitarra pequeña de cuatro cuerdas que se emplea en Colombia, Ecuador y México.

rumba: Tipo de música y baile afrocubanos populares en la década de 1930.

salsa: Música latina bailable de origen afrocubano.

samba: Tipo de baile brasileño.

síncopa: Acentos pronunciados que rompen el patrón regular de la música.

son: Tipo de canción que emplea ritmos e instrumentos africanos.

tambora: Tipo de tambor.

timbales: Tambores con caja metálica en forma de media esfera.

tiple: Instrumento colombiano parecido a la guitarra, de sonido muy agudo.

vals jota: Baile social muy popular entre la clase alta durante el siglo XIX.

vaquero: Canción de los vaqueros.

zapateado: Tipo de baile que emplea zapateo.

BIBLIOGRAFÍA

Loza, Steven. *Barrio Rhythm: Mexican American Music in Los Angeles.* Urbana: University of Illinois Press, 1993.

Manuel, Peter. "Latin America and the Caribbean." In *Popular Musics of the Non-Western World.* New York: Oxford University Press, 1988.

Padilla, Felix M. "Salsa: Puerto Rican and Latin Music." *Journal of Popular Culture* 24, no. 1 (1990): 87-104.

Paredes, Américo. *A Texas-Mexican Cancionero: Folksongs of the Lower Border.* Durham, N.C.: Duke University Press, 1976.

_____. *The Texas-Mexican Conjunto: History of Working-Class Music.* Austin: University of Texas Press, 1985.

_____. *"With His Pistol in His Hand": A Border Ballad and Its Hero.* Austin: University of Texas Press, 1958.

Peña, Manuel. "Music." In *The Hispanic American Almanac*, edited by Nicolas Kanellos. Detroit: Gale Research, 1993.

_____. *The Texas-Mexican Conjunto.* Austin: University of Texas Press, 1985.

ÍNDICE